AF221504

Dem Feuerfänger

Frank Rimbach

mundanmund

Gedichte

Impressum

Bibliografische Information der Deutschen Nationalbibliothek:
Die Deutsche Nationalbibliothek verzeichnet diese
Publikation in der Deutschen Nationalbibliografie; detaillierte
bibliografische Daten sind im Internet über http://dnb.dnb.de
abrufbar.

Autorenfoto © Markus Vahle
Herstellung und Verlag: BoD – Books on Demand,
Norderstedt
ISBN: 978-3-7519-9355-5

GOTT - VIER GEDICHTE

EINS

ICH WILL
DEN GOTT
NICHT
SUCHEN
ICH WILL
DEN GOTT
NICHT
FINDEN
ICH WILL
DEN GOTT
NICHT
RUFEN
ICH WILL
DEN GOTT
NICHT
BRAUCHEN

ZWEI

WER
SCHÜTZT DICH
VOR DEINEM
GOTT
WENN DU
BEREIT ZU
LEBEN
AUF DEM STERBENSLAKEN
DICH
AUSRÖCHELN
MUSST

DREI

ANVERTRAUEND
DIR MEIN
LEBEN
HEB ICH
DIE AUGEN
HIMMEL
WÄRTS
BETEND
MICH
VER
FLUCHEND

DOCH

UNTER MIR
DIE TEUFEL
BRODELN

VIER

GOTT
IST EINE
SCHLECHTE GESCHICHTE
GUT
ERZÄHLT

ES GIBT KEINEN
TROST
IM PAPIER

MEIN PERGAMENTHERZ

ES GIBT NUR DAS LEBEN

ES BEGINNT
ES ENDET

DAS IST ALLES

WIR
LIEGEN
MUND AN MUND
BEGRABEN
ALLEIN
ZU KÜSSEN
VERMÖGEN
WIR NICHT

LIEBEN
NIE
MEHR
VERGESSEN
WOHL KAUM
DENN
ES WAR
ZU
SPÄT

BLUT
DICK
ROT
ZÄH
FLIEßEND
KRIECHEND
ERFRISCHEND
KUPFERGESCHMACK
VON DER ZUNGE
IN DIE
KEHLE

NICHT
DER WEG
IST DAS
ZIEL

DAS ZIEL
IST
DER
KOPF

STERBENSWÖRTCHEN

SQUAW

DU

DAS LEBEN
SCHÜTTELT DICH
SIE WISSEN ES
DU

GEWÜRG IM RACHEN
LÄSST NICHT MEHR
SCHLAFEN
DICH
DU

DEN SCHMERZ
SEIT GESTERN
HINTER DIR
DU HAST

HINTER DEN
TAPETENBLUMEN
LAUERT SCHON
DEIN GOTT
BEGIERIG
DU HAST

VIELES IST
BEREITS BEDACHT
DIE AUGEN DER KINDER WUND
GETRAUERT
JEDER KANN ES SEHEN
DU HAST ZU STERBEN

SAGT NUN AUCH DER ARZT
MACH RUHIG UNTER DICH
ATME LEICHT

LIEG ENTSPANNT

DER PFARRER WEG
SIE SIND BEI DIR

FALLE

DU HAST ZU STERBEN

DU BIST ES

DAS ALTER DEIN
MUND

DER SCHMERZ DEIN
HAAR

DIE KRANKHEIT DEIN
BLICK

DER TOD DEIN
PFAD

GEFURCHTE INDIANERIN

DU
BIST ES
DIE IHN GEHT

HEILIGER DEKUBITUS

AM BETTGESTELL
DER RÖCHELNDEN
STEHEN
SIE
LEISES BEBEN
FLACHES ATMEN
RAUBEN LUFT DIR
DU
NUR NOCH
AUSGEDÖRRTE PREZIOSE
DU
SIE WERDEN
HEFTEN DICH
AN IHRE ERINNERUNG
PERLE TAPFERER ERDULDUNG DU
DU
WEINEN AN DEKUBITUS
DU LÄCHELST
STIRB

FLITTISCHE
WEIßLEINEN FASST
DEN LEIB
NICHT MIT DEM TODE
MIT DEM ATEM KÄMPFEND
KRÄMPFE
RAUBEN DICH

ALS SCHWINGE RAGT
KRUMM DIE HAND
LEICHT VERZITTERT

NOCH FLIEGST DU NICHT

AM ENDE DES DEMUTSWEGES

AM ENDE DER DEMUT
LIEGT SIE
DEN LEIB IN
GAZELAKEN VERPACKT
AUF DEM DEKUBITUSFELL

WENN ES NOCH
EIN BLICK IST –
ER GEHT NICHT GEN HIMMEL.

DRINGT DAS LICHT
DER TAG
NOCH IN DAS AUG ?

IST NUR MEHR
EIN LEERER KNOCHENBALL
DER SCHÄDEL ?

AM ENDE DER DEMUT
FLIEGT WAIDWUND
EINE SEELE

WOHIN ?

FEGEFEUER

DEINE ANGST
DU BRENNST
KANN VERGEBLICH
SEIN
IM FEUER
GOTTLOSER
FLÜGELTRÄGER
IST KEIN PLATZ MEHR FÜR DICH

DEINE ANGST
DU BRENNST
KANN GEWISSHEIT SEIN
IM FEUER
GOTTLOSER
FLÜGELTRÄGER
WARTEN SIE AUF DICH
ANGESTÖHNT
VIEL TAUSENDFACH

ANGEFLEHT
UND
ANGEBETET
DEIN GOTT
ER MÖGE DIR
ERKENNTNIS SCHENKEN

NUN
DU WIRST STERBEN
GEHEN DIESEN WEG
EINE LANGE ZEIT VOR MIR
WISSEND
DASS ICH BRENNEN WERDE
UND MEIN KIND

DAS FLEISCH RIECHT

STALINGRAD
IN JENEM WINTER
DER DEN SOMMER STAHL
DEM JUNGEN MANN
DER DU NUN
GEHEN WIRST
IN DEINE ANGST
DU BRENNST

VORBEI

AUS DEN TAGEN
DER HEUKUTSCHENFAHRTEN
BIST DU LÄNGST
GEWACHSEN
IN DIESE ZEIT
DIE WEDER DICH
NOCH
DER DU SIE
VERSTEHEN KANNST

DAS ATMEN
BLEIBT EINFACH
UND DAS ESSEN
DU TRINKST
DAS WASSER
AUS DER WAND

AUS DEN TAGEN
DER SCHLAMMGRABENANGST
BIST DU LÄNGST
GEZOGEN
IN DIESE ZEIT
DIE WEDER KRIEG UND HUNGER
NOCH ORDNUNG
KENNT

DAS SCHLAFEN
BLEIBT GEFÄHRLICH
UND DAS RUHEN
DU SPRICHST
GEBETE
DER ANGST

AUS DEN TAGEN
DER MUSKELARBEIT
BIST DU LÄNGST
GEALTERT
IN DIESE ZEIT
DIE WEDER LÄRM
NOCH SCHWEISS NOCH SCHMERZ NOCH FLEISS
BENÖTIGT

DAS WACHEN
BLEIB MÜHSAM
UND DAS SITZEN
DU DENKST
AN DEN HIMMEL
MIT DIR
IMMER MEHR

DEINE AUGEN

DEINE
AUGEN

DEIN
LACHEN

DEINE
HÄNDE

DEIN
MUND

DORNEN
UND
WASSER

GEBET
UND
SÜNDE

ATEM
UND
TOD

IRGENDWANN

IRGENDWANN
EINMAL
WERDEM WIR EIN
KIND HABEN

WIR FREUEN UNS
DER WAHNSINN
WIRD WACHSEN

WIR BAUEN UNS
EINE KLEINE WELT

HARMONIE
SOLL UNSER LICHT
LIEBE
UNSER HAUS
ZÄRTLICHKEIT
UNSRE SPRACHE SEIN

UND
DANN
ÖFFNET
DAS KIND
DIE FENSTER

WIRD IHM EIN SCHULTERZUCKEN
GENÜGEN

SCHAM # 1

DEIN KÖRPER
WEISS MEHR
VON
DER WELT
ALS DEIN HERZ

UND DICH
HAB ICH
GELIEBT

SCHAM # 2

MEINE
ANGSTFARB
HAT
ROTES
HAAR

KECK
KICHERND
SPUCKST DU
AUF DAS PASTELLBLAU
MEINER
GLEICHGEWICHTS GESTÖRTEN
ALLTÄGLICHKEIT
DIE LANG SEHNEND
NACH AUFBRÜCHEN
SICH STRECKT

SCHAM # 4

DU SAGST
DU BRAUCHST MICH
NICHT
DEINE SEELE
SEI
ZWISCHEN DEINEN
BEINEN

NOCH NICHT MAL DORT
MEINE KLEINE

NOCH NICHT MAL DORT

SCHAM # 5

ALS MICH DEIN
MUND UMFING
FAULTEN DEINE
LIPPEN IN EIN
LACHEN IN DIE WELT
DEIN SCHNEIDEZAHN
HAT MIR
EIN MAL GEBRANNT
DEIN ZEICHEN

SCHMERZ

SCHAM # 6

DIE OBSZÖNE
WUNSCHLOSIGKEIT
DEINER
FETTEN PERSERKATZE
LAUERT
IN DEM SOFABERG
AUF EIN
MENSCHENGERÄUSCH
AUS MEINER
KEHLE
UM DANN

KATZENBLÖD

SICH LIEGEND
BEI DIR EINZUSCHNURREN
DEIN VATER
NIMMT SEINE FRAU
ZUR SEITE
UND ERÖFFNET
MIR
IHR
DÉCOLLETÉ

ICH STEH
AN DER BROTTHEKE
UND WEINE

DIE VAN ZANDT - GEDICHTE

DIE ANGST

DIE ANGST
SAGTE VAN ZANDT
DIE ANGST
KOMMT NICHT NACHTS

JEDER DENKT
DASS DUNKELHEIT
DIE ANGST AUS IHRER FESTUNG LOCKE

DOCH DIE ANGST
SAGTE VAN ZANDT
LAUERT
AN EINEM WARMEN FRÜHLINGSTAG
IM LACHEN
EINER GLÜCKLICHEN FRAU
DIE ANGST
IST HEIMTÜCKISCH

VAN ZANDT TRANK

DER FEIGLING

DER FEIGLING
SAGTE VAN ZANDT
DER FEIGLING
IST AM BESTEN DRAN

NUR NIE ZUVIEL
IMMER DABEI GEWESEN
DOCH NIEMALS SICH GESTELLT
UND LEISE LEBEN

SCHAU MICH NICHT SO AN
SAGTE VAN ZANDT
ZU REDEN
ERFORDERT KEINEN MUT

VAN ZANDT TRANK

WORTE

WORTE
SAGTE VAN ZANDT
WORTE
BEDEUTEN NICHTS

DIESE
ELEGANTEN LÜGNER
VAN ZANDT LACHTE
DOCH WO
SICH SONST VERSTECKEN

VAN ZANDT TRANK

DIE EITELKEIT DES SÄNGERS

WAS
SAGTE VAN ZANDT
DEINE GITARRE VERSTAUBT
IRGENDWO AUF DEM DACHBODEN

GEDICHTE
VAN ZANDT LACHTE
WOZU GEDICHTE

NEIN
SAGTE VAN ZANDT
NEIN

WENN ERST EINMAL
DIE EITELKEIT DES SÄNGERS GESTORBEN IST
FÜHLEN SICH
GEDICHTE WOHL
IN SCHUBLADEN

VAN ZANDT TRANK

AUF DEN SCHNAPS

AUF DEN SCHNAPS
SAGTE VAN ZANDT
AUF DEN SCHNAPS
IST VERLASS

ICH WEISS
ER WIRD MICH
FOLTERN
QUÄLEN
STREICHELN
HOLEN

VAN ZANDT LÄCHELTE
IRGENDWANN

VAN ZANDT TRANK

DENKEND LIEBEN

DENKEND LIEBEN
SAGTE VAN ZANDT
DENKEND LIEBEN
BEDEUTET
DAS MEER
EINES TROPFENS
ZU BERAUBEN

VAN ZANDT SAH AUF

ES
BEDEUTET
NICHTS

VAN ZANDT TRANK

IMMER NUR DIE ANGST

DIE ANGST
SAGTE VAN ZANDT
DIE ANGST
IST DIE SUMME
ALLEN SCHWEIGENS
IN EINEM RAUM
VOLL LACHENDER KINDER

VAN ZANDT TRANK

DAS SCHLIMMSTE

DAS SCHLIMMSTE
SAGTE VAN ZANDT

DAS SCHLIMMSTE IST
WENN SIE DIR SAGEN
WIE GUT DU DOCH BIST
WIE SCHÖN DU ES DOCH HAST
UND DASS ALLES MÖGLICH IST

VAN ZANDT LACHTE

ABER WENN
DU ES DANN VERSUCHST

KOMM
VERGISS ES

VAN ZANDT TRANK

ALS SIE DANN KAMEN

ALS SIE DANN KAMEN
SAGTE VAN ZANDT
ALS SIE DANN KAMEN
WAR ICH GANZ RUHIG

ES HATTE KEINEN SINN
ZU LAUFEN

VAN ZANDT SAH AUF

UND ALS SIE GINGEN
HATTE ICH VERLOREN

VAN ZANDT TRANK

BIS DAHIN

EINES TAGES
SAGTE VAN ZANDT

EINES TAGES
BRAUCH ICH KEINE ANGST
MEHR ZU HABEN

VAN ZANDT SAH MICH AN

DOCH BIS DAHIN

VAN ZANDT TRANK

VIER PORNOGRAPHISCHE LIEBESGEDICHTE

WIE DICH SELBST

ICH SITZE
MUSS HÖREN
MEINE GEDANKEN
STREICHELN
DEINEN BAUCH
KÜSSEN
DEINE FÜSSE
KNABBERN DEIN HAAR

ICH BIN
GESCHLECHTS REIF

SONETT

SÄUISCH SCHMATZEND IN SEINER UNGESTÜMEN GIER
VERHARRT IM DRAHTGESPINNST VON HAUT UND HAAR
EIN FEUCHTES NIMMERMÜDES UNGETIER
ZU WERFEN SICH IN JEDE BRANDGEFAHR
AUS FURCHT DASS ALLES SCHWANKEN TOBEN STOSSEN
NICHTS LÖSCHEN KANN WEILS KEINE KÜHLUNG GIBT
MUSS ES MICH STECHEN WIE DER DORN DER ROSEN
DER BLUTEN LÄSST WAS UNSER AUGE LIEBT
DEIN UNGETIER BEGINNT ZU BEBEN
SAUGT SAFTIG SABBERND SICH ZU MEINEM HIN
EIN HARTES KÄMPFEN ISTS EIN DICHTES WEBEN
VON LUST UND SCHMERZ. UND ATMET KEINEN SINN
ERST WENN WIR DAMPFEN MÜDE AUS DEM WUNDEN SCHOSS
SIND ENGEL KLEIN UND WIR SIND UNSRE TEUFEL LOS

SCHAMVOLL

IN DEIN SCHAMHAAR
ZU WINDEN
GLÄSERNE SPEICHELFÄDEN
KOMMST DU
ZU MIR
AUF MEINE SCHENKEL
ZU MALEN
FEINE ZUNGENSPUREN
KOMM ICH
ZU DIR
SCHAMLOS HALTEN
IN FLACHEM
SCHLAFE
SIND WIR
BEI UNS

SAARBRÜCKENGEBET

TEUFELNOCHEINS
BIST DU
EIN ENGEL
MICH FÜHLEN
ZU LASSEN
ICH BIN
G O T T
WELCH GEBET
IM FI********

FRAU M.

SO KURZ
VOR DEM HERBST
MITTEN
IM BRAUNGEMATSCHTEN
SPÄTSOMMER
HAST DU
DEN SCHATTEN
GETRAGEN
UND DICH
ZUM SOMMERSCHLUSS
VERKAUFT

ERBÄRMLICHE ANGST
WÜNSCH ICH DIR
DAFÜR
IN DEN HALS

HERR D.

VERZITTERT
SCHWITZEN DEINE
HÄNDE
ANGST
IN DEN RAUM
ZWISCHEN
UNS

ICH BLEIBE NICHT STEHEN

ARSCHLOCH

DIE
ROSE
VERWEIGERT
DEM DICHTER DAS
LETZTE REIMEN
IN DER FERNE
WOLKEN
KINDER
ERHÄNGEN SICH
DELPHINE
VERLASSEN DAS WASSER
UND STERBEN
UND DU
ERKLÄRST MIR
DIE
ÄSTHETIK
DES KONJUGIERTEN
VERBES

WAS SIND
SCHON
SECHZIG JAHRE
OHNE
EINE WAND
DIE DICH
FÜHRT
AN DEN
MENSCHEN
VORBEI
DURCH DIE
HIMMEL
IN EINE
WELT
OHNE
WUNDER

WENN – DANN

WENN DIE TRINKER
IN DER UNTERZAHL
UND DIE KIFFER
DIE JUNKIES
UND DIE TRÄUMER ALLE

WENN DIE NUMMERN
IN DER ÜBERZAHL
UND DIE AKTEN
DIE PAPIERE
UND DIE BÜROKRATEN ALLE

WENN DIE ZARTEN
IMMER WENIGER
UND DIE ANGSTVOLLEN
DIE SORGSAMEN
UND DIE FEIGLINGE ALLE

WENN DIE REICHEN
IMMER MEHR
UND DIE LAUTEN
DIE GESCHMACKLOSEN
UND DIE SCHRILLEN ALLE

WENN DIE GOTTLOSEN
IMMER MUTIGER
UND DIE DURCHTRIEBENEN
DIE OHNE RÜCKSICHT
UND DIE GNADELOSEN ALLE

WENN DIE LIEBENDEN
IMMER ÄNGSTLICHER
UND DIE STILLEN
DIE ROMANTIKER
UND DIE DICHTER ALLE

VERLOREN

VERLOREN

GEKÄMPFT
UM LIEBE
VERLOREN

GESTANDEN
STATT
GEKNIET
VERLOREN

MEINEN POSTEN
VERRATEN

MEIN ZIEL
VERLOREN

KNOCHENFLEISCH

NACH DEM TRIBUNAL

BASTARD

DER SCHMERZ DAS IST EIN HURENSOHN
UND NICHTS DARAN IST GUT
UND DASS DU NICHT MEHR DA BIST
DAS IST DER GRUND
LIEBEN KANN ICH NICHT MEHR

DER SCHMERZ DAS IST EIN HURENSOHN
UND NICHTS DARAN IST GUT
UND DASS DU NICHT MEHR DA BIST
DAS IST WIE DER TOD
LIEBEN WERD ICH NICHT MEHR
LIEBEN WERD ICH NICHT MEHR

DER SCHMERZ DAS IST EIN HURENSOHN
UND NICHTS DARAN IST GUT
UND DASS DU NICHT MEHR DA BIST
IST DER TOD
LEBEN KANN ICH NICHT MEHR
LEBEN WERD ICH NICHT MEHR

KNOCHENFLEISCH

DIE BRÜCHE IN DER MAUER
SIND LÄSSIGE SELBSTVERGESSENE SONNENANBETER
MIT GRÜNMOOS FLIRREN IST FÜR STEINE
DOCH NUN WIRKLICH KEINE HERAUSFORDERUNG
WENN DIE SONNE
WÄRMT DEN PUTZ ABBRÖCKELND
UND DIE ECHSENSPALTEN VOLL SPINNENKADAVER
WIE SIE WÄRMT
DIE SCHLEIMSPUR DER SCHNECKE
DIE GESCHWEISSTE FÄHRTE DES FUCHSES
BEVOR ER AUF DER AUTOBAHN
BLUTIGSCHLIEREND ZERFETZT NOCH ZUCKEND AM
RASER VORBEIFLIEGT

DINGE DIE DA SIND IN DEINEM KOPF
SIND KALT UND BLEIBEN ES
JEDES FEUER AUS DENKEN
EINEN HIRNFROST NACH SICH ZIEHEND
LODERT AB IM HANDUMDREHEN

ZITTRIGE EITRIGE VEREISTE AUGEN MÜSSEN SEHEN
NACH DRAUSSEN STAND HALTEN
ZWINKERN GILT NICHT
AUGENSCHLIESSEN IST FÜR DIE ANDEREN

STANDHALTEN DIE AUGEN
DEN BILDERN
PROJEKTIONEN
FARBEN
ALLES NICHT MEHR WAHR
DIE WEGE
STRASSEN
ALL DIE GÄNGE VORHER
DIE GEGANGEN WURDEN
VOLL LACHEN UND WÜTEN

DEN VERLUST MIT JEDEM SCHRITT NÄHER
ANGEGANGEN

DER GROSSE MERKNIX
LIEGT IN DER SOHLE UND SCHLEICHT UM DIE HÄUSER
DASS DU NUR FALSCH GEHEN KANNST

ZERFETZ DIE FÜCHSE AM ASPHALT

GINGST DAHIN UND DORT HIN
DENKST NICHT DEN VERLUST
SELBST SICHER
DIE GEFAHR IM ANZUG LÄCHELTE
DU GINGST FALSCH
MEIN KLEINER
FALSCH MEIN KLEINER
FALSCH GEHEN UND DOCH RICHTIG

SAGT DER BAUM ICH WAR SCHON IMMER DA
WAS WILLSTN DU KLEINER
BIST ÜBERHAUPT EIN MENSCH
SCHAU DIR BESSER DAS WASSER AN IN DEN
PISSRINNEN
WENN ES SCHÄUMT
WIE AUS EINEM GUSS

HÖR AUF ZU JAMMERN
HÖR DOCH ENDLICH
AUF ZU JAMMERN
HÖRT DIR JA DOCH KEINER ZU
HÖRST DICH GERN REDEN
DEIN REDEN IST JAMMERN

ABER AUCH IM HERBST
DA DRAUSSEN
BIST DU KEIN WINDJAMMER
WAS GLAUBST DU
WER DU BIST
GLAUBST
DICH HÖRT EINER

DICH HÖRT KEINER KLEINER
HALTDIEFRESSEDANNENDLICH

KANNST AUF DEN HÖCHSTEN BERG
ODER DIE GRÖSSTE BÜHNE
DICH
STELLEN LEGEN SETZEN
ES WIRD DICH KEINER HÖREN

SEI MA BITTE STILL FÜR KURZ

DEIN GEDÄRM IST NOCH SYMPATHISCHER BEIM
FLATULIEREN ALS DEINE WORTFÜRZE
SIE STINKEN UNVERDAUTE BUCHSTABENDIARRÖH INS
OHRENSCHMALZ

WO KOMMEN ALL DIE WORTE HER
WAS IST IHR ZIEL DANACH
ICH SACH MA
LASS DIE SONNE SONNE SEIN
SCHAU DIR DAS WASSER
RUHIG
AN IN DEN RINNEN
RUHIG
IST DA DAS ZAUBERWORT

BESSER DU ZÄHLST NICHT DIE WORTE

NICHT ZU FASSEN
DIESE WORTE ALLE
WEISST JA NICHT WAS DU DA REDEST
VON ENGELN UND SOM QUATSCH

UND JETZT
SAGST DU WAS VON EINER MAUER

STELL DICH DAVOR
DIE NASE LASS DEN PUTZ
DEN BRÖCKLIGEN
BERÜHREN SANFT

AUS
EIN
UND AUSATMEN

RÜCKWÄRTS GEHN
SECHZIG FUSS
AUGEN ZU
RENN
LOS
GERADEAUS
DER KOPF LEER
ALSO KEINE ANGST MEIN KLEINER
S KNALLT
BLUT SPRITZT IN DIE BRÜCHE DER MAUER
SELBST DU KANNST JA NICHT IMMER SCHNELLER
FAHREN ALS DER SCHMERZ

DIE LEUTE PARKEN IHRE AUTOS
ALS SEI NICHTS PASSIERT
GERINGFÜGIG BESCHÄFTIGT
IST BEI DIR NUR DAS VERGESSEN
MANCHMAL
FÜLLST DU EINFACH
EINE TASSE MIT KAFFEE
UND TRINKST IHN HEISS
WIRST LANGSAM WACH
DAVON
ODER NICHT MEHR SCHLÄFRIG

DIE GUTEN DIENSTE DES ALKOHOLS
HAST DU DIR GESICHERT
AUF LANGE ZEIT
AUF JAHRE I IIN GESICHERT

ZUM SCHLAFEN
BRAUCHST DU IHRE ATEMLUFT
OH SÜSSER SAUERSTOFF

WIE SELTSAM SCHMECKT DAS ATMEN
WENN MAN ALLEINE IST

NUN BRECHEN JENE ZEITEN AN

IHR HASS AUF DICH
ZERHACKT DIE STUNDEN

AUS BRÖSELIGEM TAGESTAUMEL
DESTILLIERST DU
MINUTEN DES ENTZÜCKENS
SCHWERSTARBEIT
SCHWERTARBEIT
ZERSCHNEIDE DAS VERGANGENE
IN MUNDGERECHTE HAPPEN
P E T I T F O U R S
SEELENGROSS

DA WAR EIN SCHMETTERLING
UND DER WAR SIE
DA WAR EIN SCHMETTERLLING
DER KAM DES MORGENS ANGEFLOGEN KAUM
ENTSPANNT AUS
SEINEM KOKON SETZTE ER SICH AUF DEINEN
HANDTELLER DASS DU SCHAUST UND SPÜRST
DIE KLEINE LAST DES LUFTGEPRESSTEN
FLATTERDINGS
ZU AHNEN NOCH NICHT WAR DIE PEIN DES SICH
ENTPUPPENS IM LICHTDURCHWEBTEN
FLÜGELSCHWINGEN
GEBANNT SCHAUT DEIN AUG DAS BUNTGETIER
VOLLER FREUDE SPRINGT DEIN HERZ
WAS SCHÖNERES DAS GIBT ES NICHT
NICHTS ERGREIFENDERES HAST DU JE GESPÜRT
UND

_____K_L_A_T_S_C_H_____

HAST DU DEM AUGE APPLAUDIERT
EIN RHYTHMUS WARS
EIN TAKT
EIN BEAT
KLATSCH KLATSCH
KLATSCH KLATSCH
KLATSCH KLATSCH

KLATSCH KLATSCH
UND
UPPS DER SCHMETTERLING ZERSCHMETTERT
MACHT SELBST ALS PULVRIG HÄUFLEIN GEWESNES
NOCH SEINEM NAMEN ALLE EHRE
ZERSCHMETTERLING
ANDERES HAST DU NIE GETAN

WIEGENLIED

DIE SONNE SO BLASS
EIN GERISSENER MOND
DEIN VATER KOMMT HEUT NACHT NICHT MEHR HEIM

KEINER IST DA
DER DICH BEWACHT
DEIN VATER KOMMT HEUT NACHT NICHT NACH HAUS

    SCHON KOMMT EIN SCHLAF
    WENN ICH STERB VOR DEM TAG
    DANN BRAUCHST DU KEIN TRÄNENGESICHT

    SCHON KOMMT EIN SCHLAF
    ES IST NICHTS WIE ES SCHEINT
    STEIG EINFACH DIE TRAUMLEITER HOCH

DER HIMMEL SO SCHWARZ
EIN GEBROCHENER MOND
DEIN VATER KOMMT HEUT NACHT NICHT MEHR HEIM

SCHON KOMMT EIN SCHLAF
ES IST NICHTS WIE ES SCHEINT
DEIN VATER KOMMT HEUT NACHT NICHT NACH HAUS

MEIN HERZ

MEIN HERZ SCHLÄGT IMMER NOCH STARK WIE EIN BÄR
MEIN HERZ SCHLÄGT JEDEN NOCH IN DIE FLUCHT
MEIN HERZ SCHLÄGT DICH AUF UND ES SCHLÄGT DICH
HALB TOT
MEIN HERZ SCHLÄGT DEN SCHMERZ DER NACH
LINDERUNG SUCHT

MEIN HERZ SCHLÄGT NOCH IMMER RIESENKRAWALL
MEIN HERZ BESCHLÄGT SPIEGEL- UND FENSTERGLAS
MEIN HERZ SCHLÄGT HAKEN IN DEN MAGEN HINEIN
MEIN HERZ SCHLÄGT DEIN HERZ WIE EIN TÖTENDES
GAS

MEIN HERZ SCHLÄGT MIT SCHWEISS EINER TRÄNE
UND BLUT
MEIN HERZ SCHLÄGT SICH EINFACH INS UNTERHOLZ
MEIN HERZ SCHLÄGT DAS BUCH DER GESCHICHTEN
ZU
MEIN HERZ SCHLÄGT UND PRÜGELT UND SPUCKT AUF
DEN STOLZ

MEIN HERZ SCHLÄGT SCHNEISEN AUS FEUER UND
LICHT
MEIN HERZ SCHLÄGT DEN TAKT DER SOLDATEN IM
WIND
MEIN HERZ SCHLÄGT SICH EIN IN SEIDENPAPIER
MEIN HERZ SCHLÄGT WILD UM SICH ALS WÜTENDES
KIND

MEIN HERZ SCHLÄGT IN ANMUT UND ROHER GEWALT
MEIN HERZ SCHLÄGT NICHT EIN MAL FÜR MICH
MEIN HERZ SCHLÄGT UND SCHLÄGT UND ES IST IHM
EGAL
MEIN HERZ SCHLÄGT NICHT EIN MAL FÜR DICH

WAR EINFACH EIN KÜSSEN

WAR EINFACH EIN BLICKEN
EIN EINFACHER BLICK
WAR EINFACH EIN LÄCHELN
EIN EINFACHER GRUSS
WAR EINFACH EIN KÜSSEN
EIN EINFACHER KUSS
WAR EINFACH EIN HALTEN
EIN EINFACHER HALT

VERGIB
VERGIB

WAR EINFACH EIN WÄRMEN
EINFACH SO KALT
WAR EINFACH EIN TRÄUMEN
EIN EINFACHER TRAUM
WAR EINFACH EIN ATMEN
EIN EINFACHER DUFT
WAR EINFACH EIN TANZEN
EIN EINFACHER TANZ

EIN EINFACHER HIMMEL
EIN EINFACHER STERN
WORAN KANNST DU GLAUBEN
WENN DU NICHTS WEISST
EIN EINFACHES BETEN
EIN EINFACHES GLÜCK
WENN DU NICHTS WEISST

VERGIB
VERGIB

WAR EINFACH EIN SCHLAFEN
EIN EINFACHER SCHLAF
WAR EINFACH EIN LIEBEN

WIE EINFACH ES WAR
WAR EINFACH EIN LEBEN
EIN EINFACHER PLAN
WARN EINFACH NUR WORTE
EIN EINFACHES WORT

DER SCHMERZ

DER SCHMERZ IST EIN TRÄGER KILLER
BEDÄCHTIG LANGSAM UND EISKALT
SITZT EINFACH GANZ RUHIG DA
AUF EINER VERANDA IM SCHATTEN
AN EINER HEISSEN STAUBIGEN STRASSE
AUF EINEM AN DIE WAND GELEHNTEN STUHL
IN EINER AUSRANGIERTEN FILMKULISSE
UND WARTET
WARTET DARAUF, DASS DEINE SILHOUETTE FLIRREND
AM HORIZONT ERSCHEINT
DARAUF, DASS DU DIE HEISSE STAUBIGE STRASSE
ENTLANG KOMMST
DASS DU IN DIE KNIE GEHST
DU KAPITULIERST
ER WEISS DASS ES SO KOMMEN WIRD
DOCH BEVOR ER WARTET
WARTET AUF DICH
NIMMT DIR DER SCHMERZ EINFACH DIE ZUKUNFT
INDEM DER DIE VERGANGENHEIT TÖTET
EINFACH SO
MIT EINEM FINGERSCHNIPPEN
SCHNIPP
WEG IST SIE DEINE ZUKUNFT
UND DANN SITZT ER NUR NOCH DA UND WARTET
IM SCHATTEN
AUF EINER VERANDA
TRÄGE GELASSEN
UND GEDULDIG
DER SCHMERZ IST ALLWISSEND
ER MUSS NICHT IMMER IN RAMPENLICHT STEHEN
ER MUSS NICHT IMMER VORNE SEIN
DEN ERSTEN SCHMERZ DAS BRENNEN DAS DRÜCKEN
DAS GLÜHEN
DAS BEKÄMPFST DU
WOMIT AUCH IMMER

MAG SEIN MIT ALKOHOL

MÖGLICH VIELLEICHT MIT SPORT

SCHNELLEM SEX, GELD, AUTOS

SOGAR THERAPEUTEN VERDIENEN AN IHM

UND DANN GIBT ES IMMER WIEDER WELCHE DIE

VERSUCHEN ES NOCH MIT BETEN

MIT BETEN

BETEN

DAS GEFÄLLT DEM SCHMERZ BESONDERS

DAS BETEN

ER IST ALLWISSEND

WENN BETEN HELFEN WÜRDE..........

.....................................GÄB ES IHN NICHT

DER SCHMERZ KENNT DIE WAHRHEIT

DASS GOTT DAS HAUS VERLASSEN HAT

UND DER TEUFEL VERSUCHT AUS MITLEID MIT DEN

MENSCHEN

DIE GÖTTLICHEN GESCHÄFTE ZU FÜHREN

ABER ER IST BLOSS EIN TEUFEL

SO SEHR ER ES AUCH NICHT MEHR SEIN MÖCHTE

ER IST BLOSS EIN TEUFEL

WIE SOLLEN DA BITTESCHÖN GEBETE HELFEN

ABER BETE

BETE WENN DU MEINST

ODER LAUFE

UND TRINKE

AM ENDE

AM ENDE

AN DEINEM ENDE

WIRD DER SCHMERZ AUF SEINEM AN DIE WAND

GELEHNTEN STUHL AUF DER VERANDA AN DER

HEISSEN STAUBIGEN STRASSE GANZ RUHIG SITZEN

UND DICH KRIEGEN

SEIN GEHEIMNIS IST DASS ER NIE WEG GEHT

ER WIRD IMMER DA SEIN

IMMER

GEGENWÄRTIG

UND IMMER

LEISE

LEISE IST DER SCHMERZ AM BRUTALSTEN

ER GENIESST ES

WENN DU NICHT MEHR MIT IHM RECHNEST
IHN GLAUBST HINTER DIR GELASSEN ZU HABEN
AB UND AN EIN LACHEN WAGST
MÖGLICHERWEISE SOGAR WIEDER LIEBEN MÖCHTEST
DIR SAGST DASS DU AUCH WIEDER EIN GLÜCK HABEN
WILLST
SO WIE ES VIELLEICHT SCHON EINMAL WAR
UND
SCHNIPP
DU SCHAUST ZURÜCK
UND DA IST ALLES
UND ALLES IST WIEDER DA
UND ALLES IST NUN DER SCHMERZ
UND ALLES IST VERSCHWUNDEN
UND WEG IST NIEMALS GEWESEN
UND SCHNIPP
DEINE ZUKUNFT WEG
DEINE VERGANGENHEIT IST GELOGEN
DU GEHST IN DIE KNIE
UNTER DER FLIRRENDEN SONNE
DER SCHMERZ SITZT EINFACH NUR DA
SITZT EINFACH GANZ RUHIG DA
AUF EINER VERANDA
AN EINER HEISSEN STAUBIGEN STRASSE
AUF EINEM AN DIE WAND GELEHNTEN STUHL
IN EINER AUSRANGIERTEN FILMKULISSE
SPUCKT EINEN BRAUNEN STRAHL KAUTABAK IN DIE
STAUBIGE ERDE
UND LÄCHELT

DER SCHMERZ IST EIN TRÄGER BRUTALER KILLER

SAG

SAG
WIE KANN ICH
DEN WINTER
VERHINDERN
WENN DIE ZÜGE
NICHT MEHR FAHREN

ICH VERMAG
SIE NICHT
LOSZUSCHICKEN

MIT DEINEM
SCHATTEN WÄCHST
DIE ANGST

DAS JAHR HAT SICH BEMÜHT

DAS JAHR HAT SICH BEMÜHT
DEN WINTER
HINTER DIE
HÄUSER GEJAGT
IMMER UND IMMER
WIEDER

DOCH WIRD ES
SOMMER
AUF DEN STRASSEN ?

PLUSTERT SICH
HEISS QUELLEND DER
ASPHALT AUF
UND PRAHLT
MIT SEINEM
BISSCHEN SÜDEN ?

SCHREIEN MICH
FREIBÄDER
FLEHENTLICH AN
MEIN SPRUNG
KÖNNE SIE
ERLÖSEN ?

DAS JAHR HAT SICH BEMÜHT
DU
STEHST VOR DER SONNE

DAS JAHR HAT SICH BEMÜHT
ES HAT NIE GEREICHT

DU BIST FORT

IMMER WENN DU SCHLÄFST

IMMER WENN DU SCHLÄFST
BIN ICH NICHT BEI DIR
IMMER WENN DU WEINST
IST ES WEGEN MIR

JEDER SCHWERE TRAUM
NUR DEIN LEICHTER MUT
IMMER WENN DU WEINST
BIN ICH NICHT BEI DIR

ICH SUCHTE EINEN GOTT
IRGENDEINEN GOTT
FAND NICHTMAL NEN STEIN
KEINEN GOTTVERDAMMTEN STEIN

IMMER WENN ICH SCHLAF
BIST DU IN SICHERHEIT
IMMER WENN ICH TRÄUM
FALL ICH TIEF IN UNSRE ZEIIT

JEDER NÄCHSTE TAG
NUR MEIN KALTES HERZ
IMMER WENN DU WEINST
BIN ICH NICHT BEI DIR

FRIERE

RIEBST
SALZ IN MEIN AUGE

WEINTE NICHT

KNALLTEST
SÄURE IN MEINE VENEN

FÜHLTE NICHT

LEGTEST
FEUER IN MEIN HAAR

FRIERE

DIE ELSTER

DURCH EIN LOCH IM
HORIZONT
BRICHT DIE ELSTER

REGEN

UNNÜTZ GEZÄHLTES LAUB

IM HERBST VERFAULEN TRÄUME

WEIHNACHTEN LAUERT
RÜNSTIG
NACH BLUT

WAS FÜR EIN TAG

WAS FÜR EIN TAG
SOVIEL SONNE
DIE UNTERGEHT
DIE NACHT
TRAUT SICH LANGSAM
AUF DEN HOF
WO EINSAM NOCH EIN ATMEN STEHT

AUFWACHEN - JEDEN MORGEN

AUFGEWACHT
JEDEN MORGEN

FAULWASSER IM
RACHEN

WIEDER NUR
FALSCH
GETRÄUMT

HAB VERWESUNG
GESAMMELT
WIE GOLD

AM EINLASSFELS

BEDENKE
ICH GLAUBE NICHT DARAN

DORT WO EINSTMALS
IN DER NACHT
DER ATEM SCHWAND
DEN TRAUERNDEN
DREHEN KAPRIOLEN SICH
LUFTEINWÄRTS
RÖCHELND ANS LICHT

DU KAMST AUS DEM WALD
ZURÜCK
NACH HIER
WO HÄUSER
STAUBEN

BEDENKE
ICH GLAUBE NICHT
DARAN

UND
HOCKTEST DU
AM EINLASSFELS
ICH SCHWÄMME VORBEI

LICHTSCHIMMERN

LICHT IST
NICHT DUNKEL

NICHT
DASS DU
GLAUBST ICH
SÄSSE BEI DIR
IN DER STUNDE DER
TRAUERKERZEN
UND
LECKTE DIE FLAMME

ICH WERDE NICHT
DA SEIN
WILL GEHEN
NACH HAUSE

DORTHIN
WO ICH ES
HOFFE

LIEBESDIENST

MIR INS GESICHT
ZU SCHLAGEN
WIE EINFACH
ES DOCH
WAR

KEIN ZÖGERN

ICH
ZWINGE MICH
GERADE
DURCH
DEINEN BLICK
ZU GEHEN

AUCH
WENN ICH
DIE AUGEN SENKE
BEACHTE

ICH BIN
MÜDE

NIEMALS
FEIGE

ABENDLIED

DEM TAG GEHT NUN DER ATEM AUS
DIE DÄMMRUNG KRAUCHT HEREIN
EIN UNBEHAGEN STREICHELT DICH
WILL MIT DIR EINSAM SEIN

DIE TRÄUME RÜTTELN SCHON AM TOR
EIN ZITTERN KOMMT DIR NAH
UND TRAURIGKEIT LEGT SICH ZU DIR
SIE IST SO KALT SIE IST SO KLAR

*DAFÜR SCHRIEB ICH DIES ABENDLIED
AUF DASS ES BEI DIR SEI
DICH TRÖSTET DIR VERGIBT
AUCH DIESE NACHT DIE GEHT VORBEI*

VOR DEINEM FENSTER RÜHRT SICH NICHTS
DIE WELT VERSINKT IM SCHLAF
UND ENGEL SIND SO WEIT WEIT WEG
DIE STILLE TIEF UND SCHARF

DIE VAMPIRE DEINER ANGST
LECKEN DIR HÖHNISCH DAS GESICHT
DEIN ZIMMER SCHRUMPFT, ES QUETSCHT DICH EIN
UND DEINE KERZE GIBT KEIN LICHT

*DAFÜR SCHRIEB ICH DIES ABENDLIED
AUF DASS ES BEI DIR SEI
DICH TRÖSTET DIR VERGIBT
AUCH DIESE NACHT DIE GEHT VORBEI*

ES SCHEINT ES WIRD NIE WIEDER TAG
IN DEINEM LABYRINTH DER NACHT
UND BLUTGEÄST KRIECHT VON DER WAND
ALS WENN EIN TEUFEL LACHT

DAFÜR SCHRIEB ICH DIES ABENDLIED
AUF DASS ES BEI DIR SEI
DICH TRÖSTET DIR VERGIBT
AUCH DIESE NACHT DIE GEHT VORBEI

WAS AM SCHWERSTEN WIEGT

ICH

BIN

EGAL

WER

WER NIMMT
DAS GRÜN
VON DEN WIESEN
UND SCHMEISST ES
HINTER DIE STADT

WER GLAUBT
DIE WELT
WEISS AM BESTEN
MIT DEM KLIRREN DES WINTERS
UND FRIERT SCHMETTERLINGE EIN

WER BIEGT
DAS LEBEN
WARM IN DEN KURVEN
DES FRÜHLINGS
UND LÄSST NACH SOMMERN
SEHNEN IM AUGUST

ICH KANNS VERRATEN
DIR
DIE DU ES SCHON WEISST

ES IST

DAS WUNDGELIEBTE HERZ
IN MEINER DUNKLEN SEELE

HINTER DEN NEBELN

HINTER DEN NEBELN
RHEINISCHER TIEFEBENEN
LIEGT BLUTIG
LUMMERLAND
SALTKROKAN IST
ABGEBRANNT
IN BULLERBÜ
WÜTEN
TERRORISTEN
DIE NORD – WEST- PASSAGE
VOLLER EITER
MEIN HIRN
NUR DU

DU SCHÖNE

DU SCHÖNE
ATME FREI
FÜRCHTE NICHT
DEN HORIZONT
WAS GEWESEN
UND
WAS WAR
SOLL FREUNDLICHE
GEDANKENBLÄSSE
AUSGEKLEIDET
MIT
PURPURFARBEN UND LAKRITZ
GEHE HIN
DAS LEBEN
ES GEHÖRT
DIR
ICH WEISS DICH
KIND DER SONNE
GETRÄUMTER STERNE
WOHL BEHÜTET
GESCHÜTZT
VOR
MIR

AUCH KEIN SEEMANN BIN ICH

ICH
EIN SEEKRANKER
WASSERSCHEUER
MATROSE
AUF
EINER
TRÄNENPFÜTZE
OHNE
SCHIFF
UND
OHNE ZIEL

FICHTENNADEL

EIN WARMES
ANGENEHM
DUFTENDES
FUSSBAD
IST
MEIN
SELBST
MITLEID

ATEM SCHWEIGEN

MEIN ATEM
SPRICHT
NICHT MEHR
DIE MAGIERIN
FÜHRT NUN
DAS WORT

SCHMERZ

DA IST EIN MANN

DA IST EIN MANN
DER MANN GEHT IN DEN WALD
DER WALD IST VOLLER BÄUME
DIE BÄUME SIND FRAUEN
DIE BÄUME SIND MÄNNER
DIE BÄUME SIND KINDER
DER MANN GEHT IN DEN WALD
DER MANN WILL SEHEN
DER MANN WILL ATMEN
DER MANN GEHT IN DEN WALD
DER MANN WILL SEHEN
DER MANN WILL ATMEN
DER MANN GEHT IN DEN WALD
DER MANN SIEHT DIE BÄUME
DIE BÄUME SIND FRAUEN
DIE BÄUME SIND MÄNNER
DIE BÄUME SIND KINDER
DEM MANN WIRD ES KALT
DER MANN FRIERT
DER MANN FRIERT UND ER FRIERT
DER MANN GEHT IN DEN WALD UND ER FRIERT UND ER
FRIERT
DIE SONNE SCHEINT NICHT AUF DEM WEG
DIE SONNE SCHEINT NICHT AUF DEM WEG IN DEM
WALD IN DEM DER MANN GEHT
DER WEG IN DEM WALD DEN DER MANN GEHT IST KALT
DER WEG IST KALT UND IST KALT
DER WEG IST VON EIS
DER MANN GEHT DEN WEG VON EIS
DER MANN FRIERT
DER MANN FRIERT UND ER FRIERT
VOR KÄLTE KEIN ATEM
VOR KÄLTE KEIN ATEM DEM MANN
DER MANN FRIERTVOR KÄLTE
KEIN ATEM DEM MANN

DER MANN FRIERT UND ER FRIERT
DER MANN NIMMT SEIN MESSER
DER MANN FÄLLT EINEN BAUM
DER BAUM IST EINE FRAU

DER MANN FRIERT
DER MANN FRIERT UND ER FRIERT
DER MANN NIMMT SEIN MESSER
DER MANN FÄLLT NOCH EINEN BAUM
DER BAUM IST EIN KIND
DER MANN FRIERT
DER MANN FRIERT UND ER FRIERT
DER MANN MACHT EIN FEUER
DER MANN FRIERT UND ER FRIERT
DIE BÄUME BRENNEN
DIE BÄUME BRENNEN LICHTERLOH
DER MANN FRIERT
DER MANN FRIERT UND ER FRIERT
DIE FLAMMEN DES FEUERS
DER MANN FRIERT
DER MANN FRIERT UND ER FRIERT
DIE FLAMMEN DES FEUERS
DIE FLAMMEN DES FEUERS GREIFENDIE KRONEN
DIE FLAMMEN DES FEUERS DER KRONEN DER FRAUEN
GREIFEN DIE WOLKEN
DIE FLAMMEN DES FEUERS DER KRONEN DER KINDER
GREIFEN DAS GEÄST
DER MANN FRIERT
DER MANN FRIERT UND ER FRIERT
DIE FLAMMEN DES FEUERS DER BÄUME DER FRAUEN
GREIFEN DEN HABICHT
DIE FLAMMEN DES FEUERS DER BÄUME DER KINDER
GREIFEN DAS EICHHORN GREIFEN DEN VOGEL
DER MANN FRIERT
DER MANN FRIERT UND ER FRIERT
ES BRENNEN BORKE UND HOLZ
ES BRENNEN HARZ UND KNOCHEN
ES BRENNEN FEDERN UND FLECHTEN
ES BRENNT UND BRENNT
ES BRENNT ALLES UND ALLES
ES BRENNT ALLES UND ALLES LICHTERLOH

ES BRENNT GEGEN HIMMEL
ES BRENNEN DIE BÄUME
ES BRENNEN DIE FRAUEN
ES BRENNEN DIE KINDER
ES BRENNEN DIE MÄNNER SIE BRENNEN UND
BRENNEN
ES BRENNT ALLES UND ALLES
ES BRENNT LICHTERLOH ALLES
DAS BRENNEN IST WASSER
DAS BRENNEN IST WASSER DAS BRENNEN IST MEER
DAS BRANDMEER LECKT BODEN
DER MANN FRIERT
DER MANN FRIERT UND ER FRIERT
GELB ROT UND BLAU SPRITZTEN DIE FLAMMEN
DER MANN FRIERT
DER MANN FRIERT UND ER FRIERT
DAS MEER DIESER FLAMMEN LECKT NACH SEINEN
BEINEN
DER MANN FRIERT
DER MANN FRIERT UND ER FRIERT
DER MANN BRENNT
DER MANN BRENNT UND ER BRENNT
DER MANN FRIERT
DER MANN FRIERT UND ER FRIERT
SEIN FLEISCH RIECHT ZUM HIMMEL
DER MANN FRIERT
DER MANN FRIERT UND ER FRIERT
DAS FEUER BRENNT GRÖSSER
DAS FEUER BRENNT ALLMÄCHTIG
DAS FEUER VERSCHLINGT ALLES
DAS FEUER VERSCHLINGT BÄUME UND BÄUME
DIE BÄUME SIND FRAUEN
DIE BÄUME SIND KINDER
DIE BÄUME SIND MÄNNER
DAS FEUER VERSCHLINGT WALD
DAS FEUER VERSCHLINGT BERGE VERSCHLINGT
STÄDTE VERSCHLINGT DIE WELT
ALLES WIRD VERSCHLUNGEN
DAS FEUER WIRD GOTT
DER MANN FRIERT
UND ER FRIERT UND ER FRIERT

DER MANN BRENNT UND ER BRENNT
DER MANN FRIERT UND ER FRIERT
DER MANN WIRD ZU ASCHE
DIE ASCHE DES MANNES FRIERT
SIE FRIERT UND SIE FRIERT
ES KOMMT EIN WIND
DER WIND IST KEIN FEUER
DER WIND IST KEIN BAUM
DER WIND IST KEIN GOTT
DER WIND IST EIN WIND
NIMMT MIT SICH DIE ASCHE
DA IST DANN NICHTS MEHR
ALLES IST KALT

WENN DEINE

TAGE BRENNEN,

WER WÄRMT DICH

IN DER NACHT?